ALPHABET

CHRÉTIEN

OU

RÈGLEMENT

POUR LES ENFANTS QUI FRÉQUENTENT

LES ÉCOLES CHRÉTIENNES

RENFERMANT LES PRIÈRES PENDANT LA MESSE, ETC.

LIBRAIRIE CLASSIQUE DE PÉRISSE FRÈRES

PARIS	LYON
NOUVELLE MAISON	ANCIENNE MAISON
RÉGIS RUFFET ET Cie, SUCrs	RUE MERCIÈRE, 49
RUE SAINT-SULPICE, 38	ET RUE CENTRALE, 34

1862.

ALPHABET

CHRÉTIEN

A LA MÊME LIBRAIRIE.

Nouvelle Méthode de lecture, par Peigné; nouvelle édition. 1 vol. in-12, cart.   50 c.

Manuel de politesse française. Collection graduée de cent sortes d'écritures, par Peigné. 1 vol. in-8, cart.   1 fr. 25.

Traité de civilité, à l'usage des enfants, suivi d'une série d'anecdotes historiques qui peuvent servir d'exemples pour l'application des règles de la politesse; par une personne du monde; ouvrage faisant partie de la collection des livres classiques, publiée sous la direction de Mgr Cruice. 1 vol. in-12, cart.   80 c.

Fables à l'usage des enfants et morceaux divers de poésie, où sont racontés les grands événements de l'histoire sainte, recueillis, annotés et adaptés aux classes des commençants; par l'abbé Vaillant, docteur ès lettres, professeur à l'École ecclésiastique des Carmes. 1 vol. in-18, cart.   80 c.

Lectures graduées à l'usage de l'enfance, sur les merveilles de la nature, les événements les plus remarquables de l'histoire de France et les principales fêtes de la religion; par M. l'abbé Chol, bachelier ès sciences, professeur au grand séminaire de Saint-Sulpice, à Issy. 1 vol. in-12, cart.   1 fr. 20

Corbeil, typographie de Crété.

ALPHABET

CHRÉTIEN

ou

RÈGLEMENT

POUR LES ENFANTS QUI FRÉQUENTENT

LES ÉCOLES CHRÉTIENNES

RENFERMANT LES PRIÈRES PENDANT LA MESSE, ETC.

LIBRAIRIE CATHOLIQUE DE PERISSE FRÈRES

IMPRIMEURS DE N. S. P. LE PAPE.

PARIS   LYON

NOUVELLE MAISON   ANCIENNE MAISON

RÉGIS RUFFET ET Cie, SUCrs   RUE MERCIÈRE, 49

RUE SAINT-SULPICE, 38   ET RUE CENTRALE, 31

1862.

PROPRIÉTÉ.

a | b
c | d
e | f

g	h
ij	k
l	m

n	o
p	q
r	s

t	u
v	x
y	z

ABCD
EFGHI
JKLMN
OPQRS
TUVXY
ZÆŒOE

a b c d
e f g h i j k
l m n o p q
r s t u v x y
z æ œ ç ff fi
ffi fl w.

A B C D

E F G H

I J K L

M N O P

Q R S T

U V X Y

Z Æ Œ W.

a b c d
e f g h
i j k l
m n o p
q r s t
u v x y
z & w ff
fi ffi fl ffl
st ss si ssi

FIGURES DES LETTRES COMPARÉES.

A	a	*A*	*a*	N	n	*N*	*n*
B	b	*B*	*b*	O	o	*O*	*o*
C	c	*C*	*c*	P	p	*P*	*p*
D	d	*D*	*d*	Q	q	*Q*	*q*
E	e	*E*	*e*	R	r	*R*	*r*
F	f	*F*	*f*	S	s	*S*	*s*
G	g	*G*	*g*	T	t	*T*	*t*
H	h	*H*	*h*	U	u	*U*	*u*
I	i	*I*	*i*	V	v	*V*	*v*
J	j	*J*	*j*	X	x	*X*	*x*
K	k	*K*	*k*	Y	y	*Y*	*y*
L	l	*L*	*l*	Z	z	*Z*	*z*
M	m	*M*	*m*				

MANIÈRE DE PRONONCER LES CONSONNES.

B	Be.	N	En ne.
C	Ce.	P	Pe.
D	De.	Q	Qu.
F	Ef fe.	R	Re.
G	Ge.	S	Se.
H	A che.	T	Te.
J	Gi.	V	Ve.
K	Ka.	X	Ik ce.
L	El le.	Y	I grec
M	Em me	Z	Zaid.

Ba be bi bo bu

Ca ce ci co cu

Da de di do du

Fa fe fi fo fu

Ga ge gi go gu

La le li lo lu

Ma me mi mo mu

Na ne ni no nu

Pa pe pi po pu

Qua que qui quo quu

Ra re ri ro ru
Sa se si so su
Ta te ti to tu
Va ve vi vo vu
Xa xe xi xo xu
Za ze zi zo zu

---

an, on, un, or,
et, au, s'y, est,
lui, pas, loi, jeu,

air, mur, nous,
mais, vous, fils,
point , temps ,
dans, jour, dix,
corps , main ,
dent, pied, le,
pont, tour, la,
long, haut, les,
banc, bois, du,
cent, deux, si,

â me, pè re, an-
ge, tê te, heu re,
pa ge, en fer, es-
prit, com me,
beau coup, em-
ploi, pre mier,
clas se, li vre,
ta ble, se cond,
pren dre, a mi,
ciel, tré sor,

sain te, mê me,
vil le, ap pel,
se cours, gla ce,
fau te, dé faut,
ver tu, fi xer,
Mes se, si gnal,
gout te, e xil,
lar me, ar bre,
ha ïr, dé cret,
tas se, ai mer,

Pa ra dis, é co-
le, A pô tre,
é toi le, É gli-
se, dis ci ple,
o rai son, doc-
tri ne, pa ro le,
pen si on, nou-
vel le, vil la ge,
fa mil le, Sain te
Vi er ge.

L'ORAISON DOMINICALE.

No tre Pè re qui ê tes aux Cieux, que vo tre nom soit sanc ti fié; que vo tre rè gne ar ri ve; que vo tre

vo lon té soit
fai te en la ter-
re com me au
ciel : don nez-
nous au jour-
d'hui no tre
pain quo ti di-
en, et nous par-
don nez nos of-
fen ses com me

nous par don-
nons à ceux qui
nous ont of fen-
sés; et ne nous
lais sez pas suc-
com ber à la
ten ta tion,
mais dé li vrez-
nous du mal.
Ain si soit-il.

LA SALUTATION ANGÉLIQUE.

Je vous sa-
lu e, Ma ri e,
plei ne de grâ-
ce; le Sei gneur
est a vec vous;
vous ê tes bé ni e
en tre tou tes
les fem mes, et

Jé sus, le fruit de vos en trail- les, est bé ni. Sain te Ma ri e, mè re de Dieu, priez pour nous pau vres pé- cheurs, main te- nant et à l'heu- re de no tre mort.   Ain si soit-il.

LE SYMBOLE DES APOTRES.

Je crois en Dieu, le Pè re tout-puis sant, cré a teur du ciel et de la ter- re, et en Jé sus-

Christ, son Fils u ni que, no tre Sei gneur, qui a é té con çu du Saint - Es prit, est né de la Vier ge Ma ri e; a souf fert sous Pon ce-Pi la te; a été cru ci fi é,

est mort, et a
é té en se ve li;
qui est des cen-
du aux en fers;
et le troi si è me
jour est res sus-
ci té des morts;
est mon té aux
Cieux, est as sis
à la droi te de

Dieu, le Pè re tout-puis sant, d'où il vien dra juger les vivants et les morts. Je crois au Saint-Es prit, la sain te É gli se ca tho li que, la com mu ni on

des Saints, la
ré mis sion des
pé chés, la ré-
sur rec tion de
la chair, la vie
é ter nel le.

LA CONFESSION DES PÉCHÉS.

Je con fes se
à Dieu tout-

puis sant, à la bien heu reu se Ma rie, tou jours Vier ge, à saint Mi chel Ar- chan ge, à saint Jean-Bap tis te, aux A pô tres saint Pier re et saint Paul, à tous les Saints, et à vous, mon Pè re, que j'ai beau coup pé-ché, par pen-sées, par pa ro-les, par ac tions et par o mis-si ons; c'est ma fau te, c'est ma fau te, c'est ma très - gran de fau te. C'est pourquoi je sup- plie la bien heu- reu se Ma ri e, tou jours Vier- ge, saint Mi- chel Archange, saint Jean-Bap-

tis te, les A pô-
tres saint Pier-
re et saint Paul,
tous les Saints,
et vous, mon
Pè re, de pri er
pour moi le
Sei gneur no tre
Dieu.

Que le Dieu

tout - puis sant
nous fas se mi-
sé ri cor de, qu'il
nous par don ne
nos pé chés, et
nous con dui se
à la vie é ter-
nel le.

Ain si soit-il.

Que le Sei-

gneur tout-puis-
sant et mi sé ri-
cor di eux nous
ac cor de l'in-
dul gen ce, l'ab-
so lu tion et la
ré mis sion de
nos pé chés.
Ain si soit-il.

ACTES DES VERTUS THÉOLOGALES.

ACTE DE FOI.

Mon Dieu, je crois fer me- ment tout ce que la sain te Égli- se ca tho li que, a pos to li que et ro mai ne, m'or don ne de

croi re, par ce
que c'est vous,
ô vé ri té in fail-
li ble, qui le lui
a vez ré vé lé.

ACTE D'ESPÉRANCE.

Mon Dieu,
j'es pè re, a vec
u ne fer me con-
fi an ce, que

vous me don-
ne rez, par les
mé ri tes de Jé-
sus-Christ, vo-
tre grâ ce en ce
mon de, et si
j'ob ser ve vos
Com man de-
ments, vo tre
gloi re en l'au-

tre, par ce que vous me l'a vez pro mis, et que vous ê tes sou- ve rai ne ment fi dè le dans vos pro mes ses.

ACTE DE CHARITÉ.

Mon Dieu , je vous ai me de

tout mon cœur,
de tout mon es-
prit, de tou te
mon â me et de
tou tes mes for-
ces, par-des sus
tou tes cho ses,
par ce que vous
ê tes in fi ni-
ment bon et in-

fi ni ment ai-
ma ble ; et j'ai-
me mon pro-
chain com me
moi - mê me,
pour l'a mour
de vous.

ACTE DE CONTRITION.

Mon Dieu,
j'ai un extrême

re gret de vous
a voir of fen sé,
par ce que vous
ê tes   in fi ni-
ment bon, in-
fi ni ment ai-
ma ble, et que
le pé ché vous
dé plaît ; par-
don nez - moi

par les mé ri-
tes de Jé sus-
Christ ; je me
pro po se, mo-
yen nant vo tre
sain te grâ ce,
de ne plus vous
of fen ser et de
fai re pé ni ten-
ce.

AVIS

A UN ENFANT CHRÉTIEN.

1. Re tour nez de l'É-
co le à la Mai son, sans
vous ar rê ter par les
rues, mo des te ment,
c'est-à-di re sans cri-
er, ni of fen ser per-
son ne. Au con trai re,
si l'on vous injurie et

of fen se, en du rez-le pour l'a mour de No-tre-Sei gneur, et di tes en vous-mê me : Dieu vous don ne la grâ ce de vous re pen tir de vo tre fau te, et vous par don ne com me je vous par don ne.

2. Gar dez-vous bien de ju rer, de vous met-tre en co lè re, de di re des pa ro les sa les, de

fai re au cu ne ac tion
dés hon nè te.

3. Quand vous pas-
sez de vant quel que
Croix, ou quel que Ima-
ge de No tre-Sei gneur,
de la Très-Sain te Vier-
ge ou des Saints, fai-
tes u ne res pec tu eu se
in cli na ti on.

4. Quand vous ren-
con tre rez quel que
per son ne de vo tre

con nais san ce , sa-
lu ez - la le pre mi er,
par ce que c'est u ne
ac ti on d'hu mi li té.

5. Sa lu ez les per-
son nes que vous ren-
con tre rez, se lon la
cou tu me du lieu et
l'in struc ti on qu' on
vous au ra don né e.

6. Quand vous en-
tre rez chez vous ou
dans quel que au tre

mai son , sa lu ez ceux
que vous y trou ve rez.

7. Quand vous fe rez
quel que ac ti on , fai tes
dé vo te ment le signe
de la sain te Croix,
a vec in ten tion de
fai re au nom de Dieu,
et pour sa gloi re , ce
que vous al lez fai re.

8. Quand vous par-
lez a vec des per son-
nes de con si dé ra tion,

ré pon dez hum ble- ment : Oui, Mon sieur, oui, Ma da me; non, Mon sieur, etc., se lon qu'on vous in ter ro ge ra.

9. Si ceux qui ont pou voir sur vous, vous com man dent quel que cho se qui soit hon- nê te et que vous puis- siez fai re, o bé is sez- leur vo lon tiers et promp te ment.

10. Si l'on vous comman dait de di re quelque pa ro le, ou de fai re quel que ac ti on mau vai se, ré pon dez que vous ne le pou vez point fai re, d'au tant que ce la dé plaît à Dieu.

11. Quand vous voudrez man ger, la vez-vous pre mi è re ment les mains, puis di tes

le Bé né di ci té, ou
au tre bé né dic ti on,
a vec pié té et mo des tie.

12. Lors que vous
vou drez boi re, pronon cez tout bas le
saint nom de Jésus.

13. Tou tes les fois
que vous nom me rez
ou en ten drez nom mer
Jé sus ou Ma rie, vous
fe rez une in cli na ti on
res pec tu eu se.

14. Gar dez-vous bien, à ta ble ou ail leurs, de de man der, de pren dre et de sous trai re en ca chet te, ou au tre- ment, ce qu'on au ra ser vi, et mê me vous ne le de vez pas re- garder a vec en vie.

15. Quand on vous don ne ra quel que cho- se, re ce vez - le a vec res pect, et re mer ci ez

ce lui ou cel le qui
vous l'au ra don né.

16. Ne vous as se yez
point à ta ble si l'on
ne vous y in vi te.

17. Man gez et bu-
vez dou ce ment et hon-
nê te ment, sans a vi-
di té et sans ex cès.

18. A la fin de cha-
que re pas, di tes dé-
vo te ment les Graces,

en sui te sa luez res-
pec tu eu se ment les
per son nes a vec les-
quel les vous a vez pris
vo tre re pas, et re-
mer ciez ceux qui vous
a vaient in vi té.

19. Ne sor tez pas
de vo tre mai son sans
en de man der et sans
en a voir ob te nu la
per mis sion.

20. N'al lez point

a vec les en fants vi-
ci eux et mé chants,
car ils peu vent vous
nui re pour le corps
et pour l'â me.

21. Quand vous au-
rez em prun té quel que
cho se, ren dez-le au plus
tôt, et n'at ten dez pas
qu'on vous le de man de.

22. Lors que vous au-
rez à par ler à quel que
per son ne d'au to ri té

qui sera oc cu pé e, pré-
sen tez-vous a vec res-
pect, et at ten dez qu'el le
ait le loi sir de vous
par ler et qu'el le vous
de man de ce que vous
lui vou lez.

23. Si quel qu'un vous
re prend, ou vous don ne
quel que a ver tis se-
ment, re mer ci ez - le
a vec hu mi li té.

24. Ne tu to yez per-

son ne, non pas mê me
les ser vi teurs, les ser-
van tes et les pau vres.

25. Al lez au-de vant
de ceux qui en trent
chez vous, pour les
sa lu er.

26. Si quel qu'un de
ceux de la mai son, ou
au tre, dit ou fait, en
vo tre pré sen ce, quel-
que cho se de mal à
pro pos et in di gne d'un

chré tien , té moi gnez par quel que si gne la pei ne que vous en res- sen tez.

27. Quand les pau- vres de man dent à vo- tre por te , pri ez vo tre pè re , ou vo tre mè re , ou ceux chez qui vous de meu rez , de leur fai re l'au mô ne pour l'a mour de Di eu ; fai tes - la - leur vous-

mê me lors que vous le
pou vez.

28. Le soir, a vant de
vous al ler   cou cher,
a près a voir sou hai té
le bon soir à vos pè re
et mè re ou au tres,
met tez-vous à ge noux
au près de vo tre lit,
ou de vant quel que
i ma ge, et di tes vo tre
Pri è re a vec at ten-
ti on et dé vo ti on.

En sui te, pre nez de 'eau bé ni te, et fai tes e si gne de la sain te roix, sur vous et sur otre lit.

29. Le ma tin, en ous le vant, fai tes le i gne de la sain te Croix, t é tant ha bil lé, met- ez - vous à ge noux et i tes dé vo te ment la ri è re du ma tin. En- ui te sou hai tez le bon-

jour à vos pè re et mè re et au tres per son nes de la mai son.

30. Tous les jours, si vous le pou vez, en ten dez la sain te Mes se dé vo te ment et à ge noux, et le vez-vous quand le Prê tre dit l'É van gi le.

31. Quand vous en ten drez son ner l'Angelus, ré ci tez-le.

32. So yez tou jours prêt à al ler à l'É co le, et ap pre nez soi gneuse ment les cho ses que vos maî tres vous ensei gnent : so yez - leur bien o bé is sant et res pec tu eux.

33. Gar dez-vous bien de men tir en quel que ma ni è re que ce soit; car les men teurs sont les en fants du dé mon,

qui est le pè re du men son ge.

34. Sur tout, gar dez-vous de dé ro ber au-cu ne cho se, ni chez vous, ni ail leurs, par ce que c'est of fen ser Dieu, c'est se ren dre o di eux à tout le mon de et pren dre le che min d'u-ne mort in fâ me.

35. En fin tous vos prin ci paux soins, tan-

dis que vous vi vez en ce mon de, doi vent tendre à vous ren dre a gréa ble à Dieu et à ne le point of fen ser, a fin qu'a près cet te vi e mortel le vous so yez préser vé de l'en fer et possé diez la gloi re du pa ra dis.

Ain si soit-il.

EN ENTRANT DANS L'ÉGLISE.

Divin Jésus, je crois que vous êtes ici présent : je vous reconnais pour mon Créateur et mon Sauveur, et j'unis mes humbles adorations à celles que la Très-Sainte Vierge, les Anges et les Saints vous rendent dans le Ciel, et j'offre à la Très-Sainte Trinité celles que vous lui rendez dans le Très-Saint Sacrement de l'Autel.

Loués...

Notre Père... *p.* 17.

Je vous salue... *p.* 20.

PRIÈRES

PENDANT LA MESSE.

Au commencement de la Messe.

Faites - moi la grâce, ô mon Dieu, d'entrer dans les dispositions où je dois être pour vous offrir dignement, par les mains du Prêtre, le Sacrifice redoutable auquel je vais assister. Je vous l'offre, en m'unissant aux intentions de Jésus-Christ et de son Église : 1° pour rendre à votre divine Majesté l'hommage souverain qui lui est dû ; 2° pour vous remercier de tous vos bienfaits ; 3° pour vous demander avec un cœur contrit la rémission de mes péchés ; 4° enfin, pour obtenir tous les secours qui me sont nécessaires pour le salut de mon âme et la vie de mon corps. J'espère toutes ces grâces de vous, ô mon Dieu, par les mérites de Jésus-Christ votre Fils, qui veut bien être lui-même le **Prêtre** et la victime de ce Sacrifice adorable.

Au *Confiteor.*

Quoique, pour connaître mes péchés, ô mon Dieu, vous n'ayez pas besoin de ma confession, et que vous lisiez dans mon cœur toutes mes iniquités, je vous les confesse néanmoins à la face du Ciel et de la terre ; j'avoue que je vous ai offensé par pensées, paroles et actions. Mes péchés sont grands, mais vos miséricordes sont infinies. Ayez compassion de moi, ô mon Dieu : souvenez-vous que je suis votre enfant, l'ouvrage de vos mains et le prix de votre Sang. Vierge Sainte, Anges du Ciel, Saints et Saintes du Paradis, priez pour nous ; et pendant que nous gémissons dans cette vallée de misères et de larmes, demandez grâce pour nous, et nous obtenez le pardon de nos péchés.

A l'*Introït*.

Seigneur, qui avez inspiré aux patriarches et aux prophètes des désirs si ardents de voir descendre votre Fils

unique sur la terre, donnez-
moi quelque portion de cette
sainte ardeur, et faites que,
malgré les embarras de cette
vie charnelle, je ressente en
moi un saint empressement de
m'unir à vous.

Au *Kyrie eleison.*

Je vous demande, ô mon
Dieu, par des gémissements
et des soupirs réitérés, que
vous me fassiez miséricorde ;
et quand je vous dirais à tous
les moments de ma vie : *Sei-*
gneur, ayez pitié de moi,
ce ne serait pas encore assez

pour le nombre et pour l'énormité de mes péchés.

Au *Gloria in excelsis.*

La gloire que vous méritez, mon Dieu, ne vous peut être dignement rendue que dans le Ciel ; mon cœur fait néanmoins ce qu'il peut sur la terre au milieu de son exil : il vous loue, il vous bénit, il vous adore, il vous glorifie, il vous rend grâces et vous reconnaît pour le Saint des Saints, et pour le seul Seigneur souverain du Ciel et de la terre, en trois

Personnes : Père , Fils et Saint-Esprit.

Aux *Oraisons*.

Recevez , Seigneur , les prières qui vous sont adressées pour nous ; accordez-nous les grâces et les vertus que l'Église , notre mère , vous demande par la bouche du Prêtre en notre faveur. Il est vrai que nous ne méritons pas d'être exaucés , mais considérez que nous vous demandons ces grâces par Jésus-Christ votre Fils, qui vit et règne avec vous dans tous les siècles des siècles. Amen.

Pendant l'*Épître*.

C'est vous, Seigneur, qui avez inspiré aux Prophètes et aux Apôtres les vérités qu'ils nous ont laissées par écrit; faites-moi part de leurs lumières, et allumez en mon cœur ce feu sacré dont ils ont été embrasés, afin que comme eux je vous aime et je vous serve sur la terre tous les jours de ma vie.

A l'*Évangile*.

Je me lève, ô mon souverain

Législateur, pour vous marquer que je suis prêt à défendre, aux dépens de tous mes intérêts et de ma vie même, les grandes vérités qui sont contenues dans le saint Évangile. Donnez - moi, Seigneur, autant de force pour accomplir votre divine parole, que vous m'inspirez de fermeté pour la croire.

Pendant le *Credo*.

Oui, mon Dieu, je crois toutes les vérités que vous avez révélées à votre sainte Église ; il n'y en a pas une seule pour laquelle je ne voulusse donner mon sang ; et c'est dans cette entière soumission que , m'unissant intérieurement à la profession de foi que le Prêtre vous fait, je dis à présent d'esprit et de cœur, comme il vous le dit de vive voix, que je crois fermement en vous et tout ce que l'Église croit. Je proteste, à la face de vos autels, que je veux vivre et mourir dans les sentiments de cette foi pure et dans le sein de l'Église catholique, apostolique et romaine.

A l'Offertoire.

Quoique je ne sois qu'une créature mortelle et pécheresse, je vous offre, par les mains du Prêtre, ô vrai Dieu vivant et éternel, ce pain et ce vin qui doivent être changés au Corps et au Sang de Jésus-Christ, votre Fils. Recevez, Seigneur, ce sacrifice ineffable en odeur de suavité, et souffrez que j'unisse à cette oblation sainte le sacrifice que je vous fais de mon corps, de mon âme et de tout ce qui m'appartient.

Changez - moi, ô mon Dieu, en une nouvelle créature, comme vous allez changer par votre puissance ce pain et ce vin.

Au *Lavabo*.

Lavez-moi, Seigneur, dans le sang de l'Agneau qui va vous être immolé, et purifiez jusqu'aux moindres souillures de mon âme, afin qu'en m'approchant de votre saint autel, je puisse élever vers vous des mains pures et innocentes, comme vous me l'ordonnez.

Pendant la Secrète.

Recevez, ô mon Dieu, le Sacrifice qui vous est offert pour l'honneur et la gloire de votre saint nom, pour notre propre avantage et pour celui de votre sainte Église. C'est pour entrer dans ces intentions, que je vous demande toutes les grâces qu'elle vous demande maintenant par le ministère du Prêtre, auquel je m'unis pour les obtenir de votre divine bonté, par Jésus-Christ Notre-Seigneur.

A la Préface.

Détachez-nous, Seigneur, de toutes les choses d'ici-bas ; élevez nos cœurs vers le **Ciel**, attachez-les à vous seul, et souffrez qu'en vous rendant les louanges et les actions de **grâces** qui vous sont dues, nous unissions nos faibles voix aux concerts des esprits bienheureux, et que nous disions, dans le lieu de notre exil, ce qu'ils chantent dans le séjour de la gloire : *Saint, Saint, Saint est le Seigneur, le Dieu des armées, qu'il soit glorifié au plus haut des Cieux.*

Après le *Sanctus*.

Père éternel, qui êtes le souverain Pasteur des Pasteurs, conservez et gouvernez votre Église, sanctifiez-la et répandez-la par toute la terre ; unissez tous ceux qui la composent dans un même esprit et un même cœur ; bénissez notre saint Père le Pape, notre Prélat, notre Pasteur, notre Empereur et la Famille impériale, et ceux qui sont dans la foi de votre Église.

Au premier *Memento*.

Je vous supplie, ô mon Dieu, de vous souvenir de mes parents, de mes amis, de mes bienfaiteurs spirituels et corporels. Je vous recommande aussi de tout mon cœur mes ennemis et tous ceux dont je pourrais avoir reçu quelque mauvais traitement : oubliez leurs péchés et les miens ; donnez-leur part aux mérites de ce divin Sacrifice, et comblez-les de vos bénédictions en ce monde et en l'autre.

A l'élévation de la sainte Hostie.

O Jésus, mon Sauveur, vrai Dieu et vrai homme, je crois fermement que vous êtes réellement présent dans la sainte Hostie. Je vous adore de tout mon cœur, comme mon Seigneur et mon Dieu. Donnez - moi, et à tous ceux qui sont ici présents, la Foi, la Religion et l'Amour que nous devons avoir pour vous dans ce mystère adorable.

A l'élévation du Calice.

J'adore en ce calice, mon divin Jésus, le prix de ma Rédemption et de celle de tous les hommes : laissez couler, Seigneur, une goutte de ce sang adorable sur mon âme, afin de la purifier de tous ses péchés, et de l'embraser du feu sacré de votre amour.

Après l'Élévation.

Ce n'est plus du pain et du vin, c'est le Corps adorable et le précieux Sang de Jésus-Christ, votre Fils, que nous vous offrons, ô mon Dieu, en mémoire de sa Passion, de sa Résurrection et de son Ascension : recevez-le, Seigneur, et, par ses mérites infinis, remplissez-nous de vos grâces et de votre amour.

Au second *Memento*.

Souvenez-vous aussi, Seigneur, des âmes qui sont dans le Purgatoire; elles ont l'honneur de vous appartenir, et bientôt elles vous posséderont. Je vous recommande particulièrement celles de mes parents, de mes amis et de mes bienfaiteurs spirituels et temporels, et celles qui ont le plus besoin de prières.

Au *Pater*.

Quoique je ne sois qu'une misérable créature, cependant, grand Dieu, je prends la liberté de vous appeler mon Père, puisque vous le voulez. Faites-moi la grâce, ô mon Dieu, de ne point dégénérer de la qualité de votre enfant, et ne permettez pas que je fasse jamais rien qui en soit indigne. Que votre saint nom soit sanctifié par tout l'univers. Régnez dès à présent dans mon cœur par votre grâce, afin que je puisse régner éternellement avec vous dans la gloire, et faire votre volonté sur la terre, comme les Saints la font dans le Ciel. Vous êtes mon Père, donnez - moi donc, s'il vous plaît, ce pain céleste dont vous nourrissez vos enfants. Pardonnez-moi comme je pardonne de bon cœur pour l'amour de vous à tous ceux qui m'auraient offensé, et ne permettez pas que je succombe jamais à aucune tentation; mais faites que, par le secours de votre grâce, je triomphe de tous les ennemis de mon salut.

A l'*Agnus Dei*.

Agneau de Dieu, qui avez bien voulu vous charger des péchés du monde, ayez pitié de nous, Seigneur. Vos miséricordes sont infinies; effacez donc nos péchés, et donnez-nous la paix avec nous-mêmes et avec notre prochain, en nous inspirant une profonde humilité, et en étouffant en nous tout désir de vengeance.

Au *Domine, non sum dignus*.

Hélas ! Seigneur, il n'est que trop vrai que je ne mérite pas de vous recevoir ; je m'en suis rendu tout à fait indigne par mes péchés ; je les déteste de tout mon cœur, parce qu'ils vous déplaisent et qu'ils m'éloignent de vous. Une seule de vos paroles peut guérir mon âme, ne l'abandonnez pas, ô mon Dieu, et ne permettez pas qu'elle soit jamais séparée de vous.

A la communion du Prêtre.

Si je n'ai pas aujourd'hui le bonheur d'être nourri de votre chair adorable, ô mon aimable Jésus, souffrez au moins que je vous reçoive d'esprit et de cœur, et que je m'unisse à vous par la Foi, par l'Espérance et par la Charité. Je crois en vous, ô mon Dieu, j'espère en vous, et je vous aime de tout mon cœur.

Quand le Prêtre ramasse les parties de l'Hostie.

La moindre partie de vos grâces est infiniment précieuse, ô mon Dieu ! Je l'ai dit : je ne mérite pas d'être assis à votre table comme votre enfant ; mais permettez-moi, au moins, de ramasser les miettes qui en tombent, comme la Chananéenne le désirait. Faites que je ne néglige aucune de vos inspirations, puisque cette négligence pourrait vous obliger à m'en priver entièrement.

Pendant les dernières Oraisons.

Très-sainte et très-adorable Trinité, Père, Fils et Saint-Esprit, qui êtes un seul et vrai Dieu en trois personnes, c'est pour vous que nous avons commencé ce Sacrifice, c'est pour vous que nous le finissons : ayez-le pour agréable, et ne nous renvoyez pas sans nous avoir donné votre sainte bénédiction.

Pendant le dernier Évangile.

Verbe éternel, par qui toutes choses ont été faites, et qui vous étant fait homme pour l'amour de nous, avez institué cet auguste Sacrifice, nous vous remercions très-humblement de nous avoir fait la grâce d'y assister aujourd'hui. Que tous les Anges et tous les Saints vous en louent à jamais dans le Ciel. Pardonnez-moi, ô mon Dieu, la dissipation où j'ai laissé aller mon esprit, et la froideur que j'ai ressentie en mon cœur dans un temps où il devrait être tout occupé de vous, et tout embrasé d'amour pour vous. Oubliez, Seigneur, mes péchés, pour lesquels Jésus-

Christ, votre Fils, vient d'être immolé sur cet autel ; ne permettez pas que je sois assez malheureux pour vous offenser davantage ; mais faites que, marchant dans les voies de la justice, je vous regarde sans cesse comme la règle et la fin de toutes mes pensées, de toutes mes paroles et de toutes mes actions.

Ainsi soit-il.

ABRÉGÉ

DE TOUT CE QU'IL FAUT SAVOIR, CROIRE
ET PRATIQUER POUR ÊTRE SAUVÉ.

1. Il n'y a qu'un Dieu, il ne peut y en avoir plusieurs. Dieu possède toutes les perfections; il est infiniment saint, juste, bon; il est tout-puissant, souverain, éternel, c'est-à-dire qu'il a toujours été et sera toujours. Dieu est un pur esprit, il n'a point de corps, on ne peut le voir; il connaît tout, jusqu'à nos plus secrètes pensées.

2. Il y a en Dieu trois personnes, réellement distinctes l'une de l'autre : la première, le Père ; la seconde, le Fils ; la troisième, le Saint-Esprit. Le Père est Dieu, le Fils est Dieu, le Saint-Esprit est Dieu ; cependant ce ne sont pas trois Dieux, mais trois Personnes égales en toutes choses, qui ne sont qu'un seul et même Dieu, parce qu'elles n'ont qu'une même nature et essence divine. C'est là ce qu'on appelle le mystère de la Très-Sainte Trinité.

3. C'est Dieu qui a créé le Ciel et la terre, et tout ce qu'ils

renferment ; il les a faits de rien par sa seule volonté. Il a créé les Anges : les uns ont péché par orgueil et sont dans l'enfer ; les autres, restés attachés à Dieu, sont heureux dans le Ciel. Dieu a fait les astres, la terre, les animaux, les planètes ; mais il a fait l'homme à son image, et *uniquement* pour connaître, aimer, servir son Dieu sur la terre, et par ce moyen gagner le Paradis.

4. Le premier homme et la première femme désobéirent à Dieu, et se rendirent coupables, eux et tous leurs descendants ;

et c'est à cause de la désobéissance de nos premiers parents, que nous apportons tous en venant au monde le péché originel. En punition de ce péché, ils méritèrent pour eux et pour tous leurs descendants, ou pour tous les hommes, les souffrances, les peines, la mort, la colère de Dieu et la damnation éternelle.

5. Dieu, cependant, voulut bien offrir aux hommes le pardon et même le Ciel, et pour cela la seconde personne de la Très-Sainte Trinité, le Fils de Dieu, se fit homme; il prit un

corps et une âme pour souffrir, et par ce moyen payer à la justice de Dieu ce que nous lui devons, et nous délivrer de la puissance du démon. Le Fils de Dieu fait homme s'appelle Jésus-Christ.

6. Ainsi, dans la Très-Sainte Trinité, le Père est vrai Dieu, mais pas homme, il n'a pas de corps; il en est de même du Saint-Esprit; mais le Fils, vrai Dieu comme le Père et le Saint-Esprit, s'est fait homme pour nous racheter. Il a toujours été Dieu, mais il ne s'est fait homme que depuis environ mille

huit cents ans. Sans lui, nous aurions tous été privés du Ciel.

7. Le Fils de Dieu prit un corps, formé par l'opération du Saint-Esprit, dans le sein de la Très-Sainte Vierge Marie, qui ne cessa pas d'être Vierge. C'est là le mystère de l'incarnation ; on en fait la fête le 25 mars. Il vint au monde dans la nuit de Noël, dans une étable ; il vécut sur la terre environ trente-trois ans, dans la pauvreté, l'humilité et la pratique de toutes les vertus. Il enseigna l'Évangile, il fit un très-grand nombre de miracles pour

prouver sa divinité ; et toutes les prophéties par lesquelles Dieu l'avait annoncé aux hommes s'accomplirent à la lettre dans sa personne.

8. Il est mort comme Homme-Dieu sur une croix, pour nos péchés, le Vendredi saint. C'est là le mystère de la Rédemption. Il s'est ressuscité lui-même le troisième jour après sa mort, le jour de Pâques ; il est monté au Ciel par sa propre vertu le jour de l'Ascension, quarante jours après sa résurrection ; il en descendra à la fin du monde, pour juger tous les

hommes, qui mourront tous et ressusciteront ; il donnera le Paradis aux justes ; mais pour ceux qui seront morts en péchés mortels, tels que les impies, les jureurs, les vindicatifs, les impudiques, les ivrognes, etc., il les condamnera à l'enfer ; l'enfer et le Ciel dureront éternellement, c'est-à-dire sans fin.

9. L'Église est la société de ceux qui professent la véritable Religion enseignée par Jésus-Christ ; c'est l'Église catholique, apostolique et romaine ; il faut obéir à ceux qui la gou-

vernent par l'autorité de Jésus-Christ ; ce sont les Évêques, et spécialement N. S. Père le Pape, qui, comme Chef, successeur de S. Pierre et vicaire de Jésus-Christ, a l'autorité sur tous les Évêques et sur tous les Fidèles : c'est le seul moyen de ne pas tomber dans l'erreur, selon la promesse de Jésus-Christ : Hors de l'Église point de salut ; ainsi tous ceux qui n'appartiennent pas à l'Église, ou qui ne lui obéissent pas, seront damnés. L'Église est composée des Saints qui sont dans le Ciel, des âmes qui sont en Purgatoire et des Fidèles qui sont sur la terre ; nous participons aux mérites des Saints et des Fidèles, et nous pouvons soulager les âmes du Purgatoire par nos prières et nos bonnes œuvres.

Toutes ces vérités sont renfermées dans le Symbole des Apôtres : Je crois en Dieu, etc. On doit les croire fermement, non sur la seule parole des hommes qui les annoncent, mais parce qu'elles ont été révélées de Dieu même, et qu'elles sont enseignées par l'Église, qui est infailllible.

10. Pour se sauver, il faut non-seulement croire fermement toutes ces vérités, mais il faut encore vivre chrétiennement; il faut observer les commandements de Dieu et de l'Église, pratiquer les vertus et fuir le péché.

Il y a dix commandements de Dieu. Le premier nous oblige de l'aimer et de l'adorer lui seul, et d'aimer le prochain comme nous-mêmes, pour l'amour de Dieu; le second, d'honorer son Saint Nom, et nous défend de le profaner par des jurements; le troisième nous ordonne d'employer le dimanche à la prière et aux bonnes œuvres, et nous défend les travaux serviles ; le quatrième ordonne d'honorer pères et mères et tous les Supérieurs ; le cinquième défend de tuer et de faire mal à personne, de donner mauvais exemple, de dire ou penser mal de personne, et ordonne de pardonner à tous ; le sixième défend toute impureté et tout ce qui peut y conduire ; le septième défend de prendre et de retenir le bien des autres, et de leur causer aucun dommage ; le huitième défend de porter faux témoignage et de mentir ; le neuvième défend le désir des mauvaises actions défendues par le sixième commandement, et de s'arrêter à aucune pensée déshonnête ; le dixième défend de désirer injustement le bien des autres.

L'Église ordonne principalement six choses : 1° de sanctifier les fêtes qu'elle commande ; 2° d'assister à la Messe avec attention, les dimanches et les fêtes ; 3° de se confesser au moins une fois l'an ; 4° de communier au moins une fois l'an, à sa paroisse, dans la quinzaine de Pâques ; 5° de jeûner les Quatre-Temps, les Vigiles et tout le Carême ; 6° de s'abstenir de manger gras les Vendredis, les Samedis et autres jours d'abstinence.

11. Mais, pour obéir à Dieu et à l'Église, nous avons absolument besoin de la grâce de Dieu, et pour l'obtenir il faut la lui demander souvent par d'humbles et ferventes prières, et toujours au nom de Jésus-Christ. La plus excellente des prières, c'est *Notre Père, etc.,* parce que Jésus-Christ lui-

même l'a enseignée. Il est encore très-utile d'invoquer la Très-Sainte Vierge et les Saints, parce qu'ils peuvent beaucoup nous aider par leur intercession.

12. Jésus-Christ a institué les Sacrements pour nous donner sa grâce, en nous appliquant les mérites de ses souffrances et de sa mort.

Il y en a sept : le baptême, la confirmation, la pénitence, l'eucharistie, l'extrême - onction, l'ordre et le mariage.

13. Il y en a trois qu'il est plus essentiel de connaître,

savoir : le Baptême, sans lequel personne n'est sauvé :
toute personne peut baptiser
en cas de danger de mort;
il faut pour cela verser de
l'eau naturelle sur la tête;
elle doit couler sur la peau et
non pas seulement sur les che-
veux, et la même personne
dit au moment qu'elle la verse :
Je te baptise, au nom du Père,
et du Fils, et du Saint-Esprit.
Le Baptême efface en nous
le péché originel, nous donne
la vie de la grâce, et nous
fait enfants de Dieu et de
l'Église.

14. Le Sacrement de Pénitence est établi pour remettre les péchés commis après le baptême; mais, pour en obtenir le pardon par ce Sacrement, il faut les confesser tous, du moins les mortels, sans en cacher un seul; avoir une très-grande douleur d'avoir offensé Dieu, demander très-instamment cette douleur à Dieu, être fermement résolu de ne les plus commettre et d'en quitter les occasions; enfin, être décidé à faire les réparations et pénitences que le Prêtre impose. Si une seule de ces

dispositions manque, l'absolution reçue est un grand crime de plus et un sacrilége.

15. L'Eucharistie est le plus auguste de tous les Sacrements, parce qu'il contient Jésus-Christ tout entier, vrai Dieu et vrai Homme : son corps, son sang, son âme, sa divinité. A la Messe, par les paroles de la Consécration que le Prêtre prononce, la substance du pain et du vin est changée au corps de Jésus-Christ, et il n'en reste plus que les apparences. Ainsi, lorsque le Saint - Sacrement est exposé

sur l'autel, ou lorsqu'il est dans le Tabernacle, c'est Jésus-Christ réellement présent qu'on adore, et quand on communie, c'est Jésus-Christ qu'on reçoit pour être la nourriture spirituelle de l'âme. Ce n'est pas son image, ni sa figure, comme sur un crucifix, mais c'est Jésus - Christ lui-même, c'est-à-dire le même Fils de Dieu, le même Jésus-Christ qui est né de la Très-Sainte Vierge Marie, qui est mort pour nous sur la croix, qui est ressuscité, monté au Ciel, qui est dans la Sainte Hostie aussi véritablement qu'il est au Ciel. Pour bien communier, il faut n'avoir sur la conscience aucun péché mortel ; s'il y en avait un seul, on commettrait un énorme crime, un sacrilége : « On mangerait et boirait, dit saint Paul, son jugement et sa condamnation.

16. Il faut mourir ; le moment de notre mort est incertain ; de ce moment dépend notre bonheur ou malheur éternel ; le Paradis ou l'enfer sera notre partage pour toujours, selon l'état de grâce ou de

péché où nous nous trouverons à la mort. Pensons-y bien.

17. Les principales vertus d'un Chrétien sont : la Foi, l'Espérance et la Charité : 1° La Foi est un don de Dieu, par lequel nous croyons fermement toutes les vérités qu'il a révélées à son Église; 2° l'Espérance est un don de Dieu, par lequel nous attendons, avec confiance, le Ciel et les grâces pour y parvenir; 3° la Charité est un don de Dieu par lequel nous aimons Dieu par-dessus toutes choses, pour l'amour de lui-même, et notre prochain

comme nous-mêmes pour l'amour de Dieu.

Tout Chrétien est obligé de faire souvent des Actes de Foi, d'Espérance et de Charité, dès qu'il a l'usage de la raison, et lorsqu'il est en danger de mort.

LES COMMANDEMENTS DE DIEU.

1. Un seul Dieu tu adoreras,
   Et aimeras parfaitement.

2. Dieu en vain tu ne jureras,
   Ni autre chose pareillement.

3. Les Dimanches tu garderas,
   En servant Dieu dévotement.

4. Tes père et mère honoreras,
   Afin de vivre longuement.

5. Homicide point ne seras,
   De fait, ni volontairement.

6. Luxurieux point ne seras,
   De corps, ni de consentement.

7. Le bien d'autrui tu ne prendras,
   Ni retiendras à ton escient.

8. Faux témoignage ne diras,
   Ni mentiras aucunement.

9. L'œuvre de chair ne désireras,
   Qu'en mariage seulement.

10. Biens d'autrui ne convoiteras,
    Pour les avoir injustement.

LES COMMANDEMENTS DE L'ÉGLISE.

1. Les fêtes tu sanctifieras,
Qui te sont de commandement.

2. Les Dimanches la Messe ouïras,
Et les Fêtes pareillement.

3. Tous tes péchés confesseras,
A tout le moins une fois l'an.

4. Ton Créateur tu recevras,
Au moins à Pâques humblement.

5. Quatre-Temps, Vigiles, jeûneras,
Et le Carême entièrement.

6. Vendredi chair ne mangeras,
Ni le Samedi mêmement.

DU CALCUL.

----

0   1   2   3

zéro, un, deux, trois,

4   5   6   7

quatre, cinq, six, sept,

8   9

huit, neuf.

Ces caractères s'appellent des chiffres, ils servent à compter.

CHIFFRES ARABES ET ROMAINS.

	ARABES.	ROMAINS.
un	1	I.
deux	2	II.
trois	3	III.
quatre	4	IV.
cinq	5	V.
six	6	VI.
sept	7	VII.
huit	8	VIII.
neuf	9	IX.
dix	10	X.
onze	11	XI.
douze	12	XII.
treize	13	XIII.
quatorze	14	XIV.
quinze	15	XV.
seize	16	XVI.
dix-sept	17	XVII.

	ARABES.	ROMAINS.
dix-huit	18	XVIII.
dix-neuf	19	XIX.
vingt	20	XX.
vingt-un	21	XXI.
vingt-deux	22	XXII.
vingt-trois	23	XXIII.
vingt-quatre	24	XXIV.
vingt-cinq	25	XXV.
vingt-six	26	XXVI.
vingt-sept	27	XXVII.
vingt-huit	28	XXVIII.
vingt-neuf	29	XXIX.
trente	30	XXX.
trente-un	31	XXXI.
trente-deux	32	XXXII.
trente-trois	33	XXXIII.
trente-quatre	34	XXXIV.
trente-cinq	35	XXXV.
trente-six	36	XXXVI.
trente-sept	37	XXXVII.
trente-huit	38	XXXVIII.
trente-neuf	39	XXXIX.
quarante	40	XL.

	ARABES.	ROMAINS.
quarante-un	41	XLI.
quarante-deux	42	XLII.
quarante-trois	43	XLIII.
quarante-quatre	44	XLIV.
quarante-cinq	45	XLV.
quarante-six	46	XLVI.
quarante-sept	47	XLVII.
quarante-huit	48	XLVIII.
quarante-neuf	49	XLIX.
cinquante	50	L.
cinquante-un	51	LI.
cinquante-deux	52	LII.
cinquante-trois	53	LIII.
cinquante-quatre	54	LIV.
cinquante-cinq	55	LV.
cinquante-six	56	LVI.
cinquante-sept	57	LVII.
cinquante-huit	58	LVIII.
cinquante-neuf	51	LIX.
soixante	60	LX.
soixante-un	61	LXI.
soixante-deux	62	LXII.
soixante-trois	63	LXIII.

	ARABES.	ROMAINS.
soixante-quatre	64	LXIV.
soixante-cinq	65	LXV.
soixante-six	66	LXVI.
soixante-sept	67	LXVII.
soixante-huit	68	LXVIII.
soixante-neuf	69	LXIX.
soixante-dix	70	LXX.
soixante-onze	71	LXXI.
soixante-douze	72	LXXII.
soixante-treize	73	LXXIII.
soixante-quatorze	74	LXXIV.
soixante-quinze	75	LXXV.
soixante-seize	76	LXXVI.
soixante-dix-sept	77	LXXVII.
soixante-dix-huit	78	LXXVIII.
soixante-dix-neuf	79	LXXIX.
quatre-vingts	80	LXXX.
quatre-vingt-un	81	LXXXI.
quatre-vingt-deux	82	LXXXII.
quatre-vingt-trois	83	LXXXIII.
quatre-vingt-quatre	84	LXXXIV.
quatre-vingt-cinq	85	LXXXV.
quatre-vingt-six	86	LXXXVI.

	ARABES.	ROMAINS.
quatre-vingt-sept	87	LXXXVII.
quatre-vingt-huit	88	LXXXVIII.
quatre-vingt-neuf	89	LXXXIX.
quatre-vingt-dix	90	XC.
quatre-vingt-onze	91	XCI.
quatre-vingt-douze	92	XCII.
quatre-vingt-treize	93	XCIII.
quatre-vingt-quatorze	94	XCIV.
quatre-vingt-quinze	95	XCV.
quatre-vingt-seize	96	XCVI.
quatre-vingt-dix-sept	97	XCVII.
quatre-vingt-dix-huit	98	XCVIII.
qnatre-vingt-dix-neuf	99	XCIX.
cent	100	C.
deux cents	200	CC.
trois cents	300	CCC.
quatre cents	400	CCCC.
cinq cents	500	D.
six cents	600	DC.
sept cents	700	DCC.
huit cents	800	DCCC.
neuf cents	900	DCCCC.
mille	1000	M.